VENTE

POUR CAUSE DE CESSATION DE COMMERCE

DE

Mme Vve DANIEL DE BERNOVILLE

Marchande de Curiosités

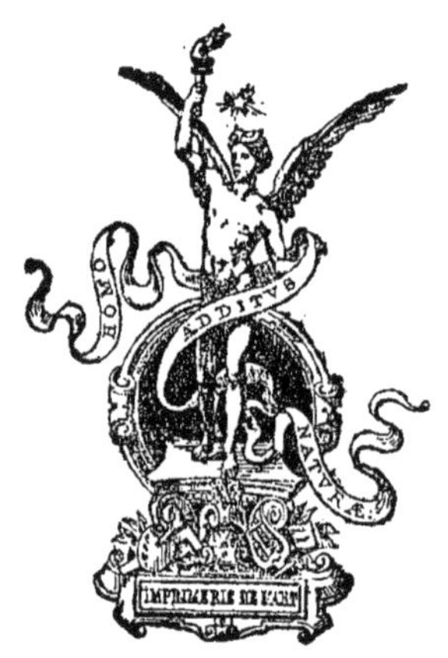
HOMO
ADDITVS
NATVRÆ.
IMPRIMERIE DE L'ART

CATALOGUE

DES

OBJETS DE CURIOSITÉ

ET D'AMEUBLEMENT

BIJOUX

Perles, Brillants, Pierres de couleur, Argenterie

Porcelaines de Saxe, de Sèvres, de Chine

Faïences diverses, Marbres, Terres cuites, Tableaux, Gravures

BRONZES D'AMEUBLEMENT

Pendules, Candélabres, Flambeaux, Lustres

Deux Beaux Vases en granit rose, montés en bronze

MEUBLES D'ART

Sièges recouverts en tapisserie et en soierie

TAPISSERIES ANCIENNES

ÉTOFFES

Broderies, Velours, Soieries, Tapis d'Orient

DONT LA VENTE AURA LIEU

Pour cause de cessation de commerce de Mme Ve DANIEL DE BERNOVILLE

Marchande de curiosités

HOTEL DROUOT, SALLE N° 1

Les Mercredi 22, Jeudi 23 et Vendredi 24 Décembre 1886

A DEUX HEURES

Me PAUL CHEVALLIER, commissaire-priseur

10, rue Grange-Batelière, 10

EXPERTS :

M. CHARLES MANNHEIM,
7, rue Saint-Georges, 7

M. A. BLOCHE
23, rue Chauchat, 23

EXPOSITION PUBLIQUE : Le Mardi 21 Décembre 1886

DE UNE HEURE A CINQ HEURES

CONDITIONS DE LA VENTE

Elle sera faite au comptant.

Les acquéreurs payeront en sus des enchères *cinq pour cent,* applicables aux frais.

L'exposition mettant le public à même de se rendre compte de l'état des objets, il ne sera admis aucune réclamation une fois l'adjudication prononcée.

Paris. Imp. de l'Art. E. Ménard et J. Augry, 41, rue de la Victoire.

DÉSIGNATION DES OBJETS

DIAMANTS — BIJOUX

OBJETS DE VITRINE

1 — Beau collier de cinq rangs de perles, avec fermoir en brillants et perles.

2 — Jolie broche, forme croissant, en brillants.

3 — Belle broche, forme trèfle, en saphir et brillants.

4 — Broche en turquoises et brillants, forme barrette.

5 — Broche en brillants.

6 — Très belle broche, forme couronne, en rubis, saphirs, brillants et roses.

7 — Très belle broche, forme fer à cheval, composée de six gros saphirs, cinq gros brillants et des petits diamants.

8 — Paire de boucles d'oreilles, saphirs entourés de brillants.

9 — Collier pouvant former cache-peigne, modèle serpents enlacés, en brillants.

10 — Bague composée d'une perle blanche entourée de brillants.

11 — Broche, forme couronne, en rubis, émeraudes, roses et perles.

12 — Beau bracelet en or mat, enrichi de deux gros brillants montés à griffes et d'un rang de brillants, avec chaînette ornée de petits brillants à laquelle est suspendu un médaillon.

13 — Bracelet en or enrichi de cinq saphirs et cinq brillants.

14 — Bague enrichie de trois brillants montés à griffes.

15 — Bague jonc en or mat, ornée d'un saphir cabochon et deux brillants.

16 — Bague jonc en or poli, ornée d'un brillant.

17 — Bague or enrichie de trois perles blanches et six petits rubis.

18 — Broche forme tête de chèvre, en or mat, avec cornes et collier en roses.

19 — Bracelet jonc en or enrichi de deux rubis et trois brillants.

20 — Bracelet chaîne, en or mat, enrichi d'un coulant en roses.

21 — Broche barrette en or avec mouche en perle, saphir et roses.

22 — Épingle composée de deux brillants montés à griffes, dont une pampille.

23 — Quatre épingles en brillants montés à griffes.

24 — Épingle perle, monture or.

25 — Épingle forme personnage bossu, en or émaillé.

26 — Épingle forme griffe, en or, tenant une boule de corail.

27 — Épingle en or et platine, forme attribut sportique.

28 — Épingle forme fleur de lis, en or.

29 — Épinglette forme fer à cheval.

30 — Paire de boutons de manchettes en or, avec brillant au centre.

31 — Trois boutons de chemise perles.

32 — Deux boutons de chemise perles.

33 — Paire de boucles d'oreilles, perles entourées de roses.

34 — Crochet de montre en or ciselé et de couleur.

35 — Clef de sûreté forme Louis XVI, en or, avec couronne, mousqueton et anneau à ressort

36 — Bracelet jonc en or mat.

37 — Châtelaine en or guilloché avec ses breloques. Style Louis XVI.

38 — Bracelet forme ancre, en or mat, ornée de roses.

39 — Bracelet en or, forme jarretière, avec boucle en demi-perles.

40 — Chaîne de gilet en or, modèle forçat.

41 — Collier souple en or.

42 — Couteau-nécessaire à plusieurs lames, monté en or.

43 — Belle pomme d'ombrelle à tête de cheval, en corail sculpté ; monture or repoussé.

44 — Chaîne de gousset en soie noire, avec fer à cheval et monture or.

45 — Talisman en or gravé, entourage perles.

46 — Bracelet dit *semaine,* en or et platine.

47 — Deux cachets ; montures en or.

48 — Paire de pendants d'oreilles en or, avec pampilles à rondelles.

49 — Petit cachet en or.

50 — Bracelet or et platine.

51 — Dé en or.

52 — Porte-mine en or.

53 — Deux sifflets en or.

54 — Jolie montre en or du temps de Louis XVI, avec médaillon du roi porté par des génies sur un fond ensoleillé décorant le boîtier.

55 — Montre en or du temps de Louis XVI, offrant sur le boîtier un sujet mythologique.

56 — Étui à pans en cristal de roche, avec bouchon de même matière monté en or.

57 — Groupe : crayon, médailles et breloques or et argent.

58 — Deux bracelets égyptiens en argent doré.

59 — Agrafe de manteau en argent filigrané.

60 — Crochet d'éventail avec chaîne en argent et médaille du temps de Louis XV.

61 — Quinze jetons en argent, anciens.

62 — Grande et belle bonbonnière ronde à charnière, en poudre d'écaille; monture et garniture or, à tores de laurier, rosace et griffe à rocaille.

63 — Boîte ovale en cristal de roche finement évidé; monture or à charnière. Style Louis XVI.

64 — Boîte en cailloux d'Égypte; monture or gravé et ciselé. Louis XV.

65 — Bonbonnière en ivoire avec miniature : paysage et fleurs, cercle en or. Époque Louis XVI.

66 — Miniature ronde sur ivoire : la Déclaration; cadre à chaînette. Style Louis XVI.

67 — Miniature ronde sur ivoire : *le Galant audacieux*. Cadre en velours.

68 — Miniature ronde : Dame décolletée, avec coiffure à boucles et ruban bleu dans les cheveux.

69 — Miniature rectangulaire : portrait de *Marie-Antoinette*, avec monture et chaîne en or.

70 — Miniature ovale : *la Petite Écolière*. Cadre en argent, décor à fleurs.

71 — Émail peint représentant la *Sainte Famille*.

72 — Reliure de livre en argent repercé, avec sujets gravés.

73 — Boîte en ivoire sculpté à fleurs.

74 — Grande boîte rectangulaire en cuivre doré et gravé.

75 — Porte-cigarette en argent.

76 — Plaque en stras monté en argent.

77 — Bracelet composé de plaques, filigrané de vermeil, avec cornalines gravées et turquoises.

78 — Bourse en argent.

79 — Ornement de costume oriental en argent.

80 — Groupe avec chaîne d'argent : boîte à allumettes, cassolette, breloque, figurine et fer à cheval.

81 — Béquille en argent.

ARGENTERIE

82 — Grande cuvette et pot à eau en argent guilloché.

83 — Grande et belle aiguière en argent finement ciselé, style Renaissance, décorée de cortèges à nombreuses figures, d'attributs, de têtes de béliers et de guirlandes.

84 — Vase avec couvercle en argent, offrant, sur la

panse, des scènes de tournois, porté et couronné par des dragons, avec anses forme grecque.

85 — Grande cuiller à fruits en argent, vieux Paris.

86 — Huilier en argent. Époque Empire.

87 — Deux plats ronds à bords festonnés, en argent, avec armoiries d'Aucoc.

88 — Théière en argent gravé, de Linzeler.

89 — Petit poêlon en argent avec couvercle, manche en ivoire.

90 — Poêlon en argent guilloché, manche en ivoire.

91 — Cuiller argent, avec manche se terminant en cariatide.

92 — Cafetière en argent, Louis XV, avec blason d'archevêque gravé.

93 — Poivrière forme hibou, en argent.

94 — Petit pot à crème en argent, décoré de godrons et de guirlandes enrubannées.

95 — Tasse et soucoupe en argent guilloché.

96 — Deux plateaux argentés.

PORCELAINES DE SAXE

97 — Figurine de petit garçon dansant, en costume bleu et rose. Vieux Saxe.

98 — Deux chiens épagneuls en regard, vieux Saxe, reposant sur des coussins posés sur des socles en bronze ciselé et doré.

99 — Petit vase en Saxe, contenant un bouquet de fleurs en relief.

100 — Groupe de cinq figurines d'enfants personnifiant les cinq Sens. Vieux Saxe.

101 — Figurine de femme chinoise, assise et tenant un perroquet.

102 — Groupe en Saxe décoré : l'Heureuse Mère, jeune femme et deux fillettes en costumes Louis XV.

103 — Groupe de trois chiens sur terrasse rocaille, en vieux Saxe décoré.

104 — Nid d'oiseaux en vieux Saxe.

105 — Figurine d'Arlequin. Vieux Saxe.

106 — Boîte rectangulaire en vieux Saxe, médaillons à paysages encadrés de fleurs.

107 — Boîte octogonale décorée en dorure et montée en vermeil.

108 — Compotier à bords festonnés, en Saxe à décor de fleurs.

109 — Écuelle couverte avec plateau, vieux Saxe, à festons de fleurs et bordure échiquetée de vert.

110 — Ménagère en Saxe : quatre pièces et un plateau décorés de fleurettes.

111 — Deux sucriers à saupoudrer.

112 — Tasse et soucoupe en vieux Saxe, à fleurs et armoiries, avec bordure jaune quadrillée.

113 — Jolie béquille de canne en vieux Saxe, à tête de femme en relief et décor à fleurs.

114 — Deux petites corbeilles en vieux Saxe gaufré.

PORCELAINES DE SÈVRES

ET AUTRES EN PATE TENDRE

115 — Belle tasse à deux anses, couverte, et son plateau, en vieux Sèvres pâte tendre, décorée de fleurs jetées, filets bleus et dents de loup en dorure.

116 — Deux pots à pommade décorés en bleu. Saint-Cloud.

117 — Bourdaloue. Vieux Sèvres pâte tendre.

118 — Vase de nuit, vieux Sèvres pâte tendre, décor à fleurs et rehauts d'or.

119 — Deux petits socles carrés en Mennecy pâte tendre, à décor de fleurs.

120 — Tasse droite et soucoupe, Sèvres tendre, fleurs et ornements en couleur et dorure.

121 — Jolie tasse et soucoupe en vieux Tournay pâte tendre, côtelées en spirale, à décor bleu et or.

122 — Sucrier à couvercle plat, Sèvres tendre, décor à fleurs, filets bleu et or.

123 — Cafetière en vieux Sèvres, à bouquets.

PORCELAINES DE CHINE

124 — Pot à eau et cuvette en vieux Chine, à fleurs et oiseaux en émaux de la famille verte.

125 — Deux petites potiches décorées en émaux de couleurs, avec médaillons à fond jaune.

126 — Deux lapins en Chine, émaillés bleu turquoise.

127 — Assiette vieux Chine, décorée d'oiseaux et d'arbustes en émaux de la famille verte.

128 — Assiette à fleurs en émaux roses, la chute émaillée bleu.

129 — Diverses assiettes en porcelaine de Chine, variées de décor.

130 — Vase balustre en vieux Chine, décor à mandarins en émaux de couleur.

131 — Vase de même forme, à décor d'oiseaux et d'arbustes en bleu et rouge de fer.

132 — Vase forme bouteille à panse aplatie et à deux anses ajourées, décor à chimères en bleu et rouge de fer.

133 — Jardinière hémisphérique à décor de dragons gravés sous couverte d'émail vert d'eau.

134 — Deux vases carrés à cols rétrécis, en vieux Chine, à décor de personnages en relief, émaillés en couleur.

135 — Statuette de Divinité en vieux blanc de Chine.

136 — Plat en vieux Chine, à fleurs et oiseaux, en émaux de la famille verte.

137 — Trois potiches à couvercles, en vieux Chine, décorées en bleu et émail vert, à figures et paysages.

138 — Potiche en vieux Japon, décorée en bleu et garnie sur l'épaulement de quatre petites attaches.

139 — Deux vases rouleaux, décor à mandarins en émaux de la famille verte.

140 — Plat en vieux Japon, bleu, rouge et or.

FAIENCES

141 — Grande gourde en vieux Delft, à décor polychrome : bouquets, oiseaux et lambrequins.

142 — Coupe en ancienne faïence de Gubbio à reflets métalliques. Au centre, Saint Sébastien ; au bord, des feuilles radiées en relief.

143 — Six petites assiettes en faïence de Castelli, décor à paysage.

144 — Potiche à pans, couverte, en Nevers, décor bleu de style chinois.

145 — Deux petites pantoufles en vieux Delft.

146 — Petit sabot en vieux Rouen.

147 — Deux compotiers en vieux Rouen, décor polychrome à la corne.

148 — Saladier, même faïence et même décor.

149 — Pichet en faïence de Nevers.

150 — Deux assiettes armoriées en faïence de Saint-Amand décorée en bleu.

151 — Coupe de surtout en faïence du Midi décorée en bleu.

152 — Plat oblong en faïence de Moustiers.

153 — Deux assiettes, Delft polychrome, décor au tonnerre.

154 — Vase balustre à pans, en Delft, décoré en bleu d'une Chasse au cerf.

155 — Potiche couverte à pans, en Delft, décor bleu à rinceaux feuillagés et fleurs.

156 — Deux vases côtelés en Delft, décor bleu à compartiments de corbeilles de fleurs.

157 — Deux vases couverts à pans, en Delft, décor bleu avec lambrequin à l'épaulement.

158 — Soupière côtelée à anses rocailles, décor à fleurs en relief émaillées en couleur.

159 — Plusieurs pièces en faïence ancienne.

SCULPTURES

160 — Marbre blanc. Diane chasseresse.

161 — Marbre blanc. Buste de Carrier-Belleuse : la Marguerite.

162 — Marbre blanc. Statuette d'enfant satyre tenant des raisins.

163 — Marbre blanc. Ancien bénitier appliqué sur un fond de velours.

164 — Terre cuite. Petit Noël de Maubach.

165 — Ivoire. Christ dans un cadre en bois sculpté et doré.

166 — Autre Christ ivoire avec cadre doré.

OBJETS VARIÉS

167 — Deux petits vases Médicis en spath-fluor sur socles cylindriques en même matière.

168 — Statuette en bronze : la Frileuse, de Houdon.

169 — Statuette en ancien bronze : le Mercure, de Jean de Bologne.

170 — Lanterne hexagone en fer repoussé, à feuillages et festons de fleurs.

171 — Autre lanterne garnie de fleurettes en Saxe.

172 — Jade blanc. Éléphant ayant son cornac sur le dos.

173 — Boîte à deux compartiments, en ancien émail de Saxe ; monture en argent.

174 — Ancien jeu de cartes décoré des armoiries des grandes maisons d'Europe.

175 — Sept vitraux de fenêtres, en verres de couleurs et de dessins variés.

176 — Coffre rectangulaire, laqué or et incrusté de nacre, garni d'écoinçons, fermoir et poignée en cuivre gravé.

TABLEAUX — GRAVURES

177 — Miniature sur porcelaine, signée Boquet : portrait de Louis-Philippe, dans un cadre en bronze ciselé et doré.

178 — Miniature sur vélin : la Vierge aux anges, d'après Van Dyck.

179 — École française. Portrait de Louis XV.

180 — École française. Pâris et Hélène.

181 — École hollandaise. Un Marché, panneau de forme ronde dans un cadre en bois sculpté et doré.

182 — La Fille mal gardée, d'après Baudoin.

183 — Les Désirs satisfaits.

184 — Deux pièces coloriées : la Partie d'œuf frais et la Réalité du plaisir.

185 — Plusieurs gravures sous ce numéro.

BRONZES D'AMEUBLEMENT

186 — Deux beaux vases de forme ovoïde, à couvercles en granit rose, évidés intérieurement, avec riche monture en bronze ciselé et doré ; anses formées de têtes de satyres reliées par des guirlandes de pampre, collerette à feuille d'eau, culot à feuille d'acanthe. Le bouton des couvercles est formé d'une pomme de pin et les socles sont ornés de canaux rudentés et de perles.

187 — Deux jolis candélabres, composés chacun d'un groupe : nymphe et enfant en bronze à patine verte, surmonté d'un bouquet de roses à quatre lumières en bronze doré. Socles en marbre blanc sur plinthes en bronze doré.

188 — Deux candélabres composés chacun d'une statuette de danseuse en bronze vert supportant des rinceaux à trois lumières et reposant sur des socles en marbre blanc, garnis de guirlandes en bronze doré.

189 — Belle pendule en bronze doré, ornée de deux statuettes d'enfants de bronze à patine brune et surmontée d'un coq.

190 — Grande pendule Louis XIV et sa console-applique en marqueterie de cuivre, garnie de bronzes ciselés et dorés, chutes, appliques, bas-reliefs et statuettes.

191 — Petite pendule, marqueterie de cuivre sur écaille, garnie de bronzes.

192 — Jolie pendule en bronze ciselé et doré, modèle à rinceaux, guirlandes et attributs ; cadran au nom de *Beurdeley à Paris.*

193 — Deux flambeaux de style Louis XVI, en bronze ciselé et doré, la tige formée de trois cariatides adossées supportant une cassolette.

194 — Deux chenets en bronze, modèle à vases enguirlandés, obélisques et mufles de lions.

195 — Lustre à seize lumières, garni de cristaux, grosses pendeloques, étoiles, boule.

196 — Deux appliques à trois lumières chaque, garnies de cristaux.

197 — Pendule à cage en bronze doré, ornée de cordons de perles et à mouvement visible, cadran surmonté de nœud, socle en marbre turquin, orné sur la face d'une frise d'enfants en bronze doré.

198 — Petit vase ovoïde en marbre blanc, à anses, cols de cygnes et cordons de perles en bronze doré.

199 — Deux petits flambeaux-cassolettes, marbre blanc et bronze doré.

MEUBLES

200 — Grande et belle armoire à deux portes garnies de glaces dans leur partie supérieure et richement décorées de moulures, trophées et ornements, partie sculptés, partie en pâte et dorés.

201 — Belle crédence Renaissance en bois sculpté à deux vantaux ornés de rosaces et de feuilles d'acanthe et à montants décorés de cariatides engainées. La partie inférieure du meuble se compose de deux arcades à pilastres, mascarons et ornements.

202 — Petit meuble à deux corps en bois noir à

ornements sculptés, le bas en forme de table à pieds tors, la partie supérieure ouvrant au moyen d'un tiroir et d'un vantail.

203 — Meuble crédence ouvrant à un vantail Louis XIII d'ébène sculpté qui représente un sujet religieux encadré de rinceaux, de moulures guillochées et d'écoinçons à figures allégoriques. Les montants du meuble sont décorés de colonnes accouplées supportant un entablement à bas-relief et mascarons.

204 — Petite table en bois sculpté Louis XIII.

205 — Glace avec cadre en ébène. Époque Louis XIII.

206 — Petite table à ouvrage carrée Louis XVI, en acajou, garnie de moulures en bronze et à dessus en marbre turquin à galerie de cuivre.

207 — Autre table à ouvrage de forme Louis XV, en bois rose et à tiroirs marquetés.

208 — Table à ouvrage forme Louis XV, décorée de festons de roses en vernis genre Martin sur fond aventuriné. La partie inférieure des pieds est reliée par des planchettes décorées et aménagées en manière de niche à chien.

209 — Table de nuit Louis XV en bois rose, avec dessus de marbre blanc.

210 — Petite table à pieds tors supportés par une traverse élevée sur boules.

211 — Grand buffet de salle à manger en poirier noirci; le bas à portes pleines, le haut à portes vitrées.

212 — Commode Louis XVI bois rose et marqueterie, garnie de cuivre.

213 — Commode du XVIIIe siècle à quatre tiroirs sur deux rangs, en bois de placage, garnie de cuivre. Dessus en marbre.

214 — Jolie table à jeu de style Louis XVI, en acajou, à pieds cannelés et à bandeau orné de moulures en bronze ciselé et doré.

215 — Petite table bureau Louis XV en bois de placage.

216 — Petite table à ouvrage de forme Louis XV décorée au vernis genre Martin de figures et de motifs de fleurs.

217 — Autre petite table à un tiroir, de même style et de décor analogue.

218 — Petit bureau plat en acajou à filets de cuivre. Style Louis XVI.

219 — Petite vitrine plate en noyer sculpté.

220 — Très petite commode en acajou à filets de cuivre et à dessus de marbre.

221 — Autre petite commode palissandre et bois rose.

222 — Ancien bidet en palissandre avec cuvette en faïence de Rouen.

223 — Belle banquette du XVIIe siècle en bois de chêne sculpté et ajouré. Le dossier, composé de rinceaux et de feuillages, est orné, au centre, d'un chiffre formé des lettres M. D.

224 — Petit bureau Louis XVI à cylindre plaqué de bois rose et de bois satiné, marqueté de filets et d'un médaillon de fleurs.

225 — Petit secrétaire en bois noir, enrichi sur l'abattant d'un joli panneau d'ancien laque représentant un port de mer et garni de cuivres ciselés et dorés. Tablette en marbre vert de mer.

226 — Banquette en bois sculpté époque Louis XIV, avec dessus, matelas et quatre coussins en velours genre de Gênes à fleurs et rayé dessous en peluche bleue.

227 — Petit chiffonnier à six tiroirs, bois rose, palissandre et marqueterie à fleurs. Dessus de marbre.

228 — Horloge à gaine en bois de chêne sculpté.

229 — Régulateur dans une monture en bois sculpté à décor de feuillage.

230 — Cartel Louis XVI en bois sculpté et doré, décoré de deux statuettes : Mars et Minerve, d'enroulements de grappes et surmonté d'un vase.

231 — Glace d'entre-deux avec cadre doré à décor de feuilles, provenant du château de la Malmaison.

232 — Miroir à moulures de bois noir et ornements de cuivre estampé

233 — Miroir dans un encadrement de velours brodé d'or à ornements et rinceaux Louis XIII.

234 — Miroir turc à encadrement en mosaïque de nacre.

235 — Glace d'entre-deux à cadre Louis XVI doré.

236 — Petit miroir dans un cadre sculpté et peint en blanc.

SIÈGES

237 — Six fauteuils en noyer à fleurettes sculptées, recouverts en tapisserie de l'époque Louis XV,

présentant aux dossiers des figures de Chinois et aux sièges des sujets tirés des fables de La Fontaine.

238 — Six chaises en noyer sculpté à décor de fleurs et ornements Louis XIV, couvertes en ancien lampas broché fond vieil or.

239 — Canapé, deux fauteuils et deux chaises en bois sculpté et doré d'un élégant modèle et recouverts en tapisserie très fine d'Aubusson, à motifs de fleurs et de rinceaux de style Louis XVI.

240 — Fauteuil en peluche rouge avec bandes en ancienne soierie et garni de franges à grilles.

241 — Chaise Louis XV recouverte de velours rouge.

242 — Chaise en bois tourné recouverte en tapisserie Louis XIII, à décor d'oiseaux et de fleurs.

243 — Quatre chaises en bois sculpté à rangées de petits balustres; elles sont recouvertes en vieux cuir de Cordoue.

244 — Stalle en bois sculpté, de style gothique.

245 — Chaise en bois sculpté, laqué blanc et doré, recouverte en vieux velours rouge de Gênes.

246 — Deux fauteuils en peluche bleue avec bande de velours à dessins en relief de plusieurs tons.

247 — Petit canapé à dossier bas, garni en peluche verte et en velours à dessins rouges sur fond gris d'argent.

248 — Chauffeuse recouverte en satin brodé.

249 — Canapé et deux fauteuils capitonnés en damas jaune.

250 — Fauteuil Louis XV, blanc et or, recouvert en brocart.

251 — Grand fauteuil à ornements sculptés et rehaussés d'or, couvert en cuir et clouté de cuivre.

252 — Fauteuil X en bois sculpté et garni en cuir ancien.

253 — Fauteuil Louis XVI, peint en blanc et garni de velours d'Utrecht.

254 — Trois chaises anciennes ; deux foncées de canne, la troisième garnie en velours et tapisserie au point.

255 — Une chaise Louis XIV en noyer sculpté et foncé de canne.

256 — Quatre chaises anciennes à dossiers ajourés ; les sièges foncés de canne.

TAPISSERIES

257 à 259 — Suite de trois tapisseries du XVIIe siècle, représentant des sujets tirés de l'histoire de Joseph, avec belles bordures à figures allégoriques et guirlandes de fleurs et de fruits.

260 — Tapisserie Louis XIV à figures de guerriers.

261 — Morceau de verdure avec oiseaux.

262 — Portière en tapisserie représentant la Vendange, avec bordure sur trois côtés, à ornements simulant un cadre doré.

263 — Petite portière verdure.

264 — Grande tapisserie verdure, avec oiseaux et bordure composée de fleurs et de fruits.

265 — Autre verdure avec bordure.

266 — Tapisserie Louis XIII à personnages, avec bordure composée de festons, de fleurs et d'oiseaux.

267 — Portière à petits personnages, avec bordure à fleurs.

268-269 — Deux autres tapisseries.

270 — Plusieurs lots de bordures, bandes étroites, tablettes de cheminées et d'anciennes tapisseries.

271 — Portière en tapisserie du XVIe siècle, sujet à grand personnage, avec jolie bordure à petites figures, fleurs et fruits.

272 — Écran en tapisserie au petit point, représentant *la Présentation d'Esther à Assuérus*. Époque Louis XIV.

273 — Bandeau en tapisserie de la Renaissance.

TAPIS D'ORIENT ET AUTRES

274 — Grand tapis moquette fond blanc, dessin à fleurs.

275 — Grand tapis moquette, dessin cachemire.

276 — Environ dix mètres de tapis pour chemin, dessin cachemire.

277 — Quatre tapis anciens de Smyrne, dessin polychrome. (Sera divisé.)

278 — Trois tapis anciens d'Orient, dessins divers. (Sera divisé.)

279 — Trois tapis en fourrure.

ÉTOFFES

280 — Belle bande en velours rouge orné d'application et de broderie Renaissance.

281 — Magnifique garniture en velours rouge richement brodé en fin et en haut-relief, dessin de la Renaissance, composée d'un long bandeau, deux bandes et quatre petites bandes.

282 — Très grand devant d'autel en brocatelle et velours rouge de Venise, avec bande en broderie et application, garni de franges. XVIe siècle.

283 — Grande portière en peluche d'Orient, fond vert, avec bordure à dessins jaunes.

284 — Très belle coupe de brocart d'argent, dessin à personnages, architecture et ornements. Époque Louis XIV.

285 — Cinq grands et beaux bandeaux en velours de Gênes, dessin rouge, fond d'or, avec franges. XVIe siècle.

286 — Très beau tapis de table en broderie de soie et d'or de l'Inde.

287 — Deux coussins en brocart à fleurs. Louis XIV.

288 — Belle chasuble en brocart d'argent. Époque Louis XIV

289 — Coupe de 4 mètres ancien velours rouge.

290 — Coupe de 8 m. 75 ancien velours rouge.

291 — Jupe en dauphine bleue brochée à fleurs.

292 — Morceau de brocart rouge, dessin jaune.

293 — Tapis en satin rouge, bordé de passementerie.

294 — Morceau de soierie tissée rouge et jaune, grand dessin.

295 — Lot de morceaux d'ancien brocart blanc tissé d'or à fleurs.

296 — Longue bande en broderie de soie sur toile.

297 — Grande robe en soie brochée. Louis XVI.

298 — Grand bandeau en point de Hongrie. Louis XIII.

299 — Grand bandeau en soie brochée à palmes et fleurs, de la Régence.

300 — Petite robe de Madone en broderie d'or sur fond grenat.

301 — Huit pentes en ancienne brocatelle jaune, à dessin rouge.

302 — Jolie robe en soie rose mohairée brochée à fleurs. Louis XVI.

303 — Robe en satin gris perle broché à fleurs. Époque Louis XV.

304 — Deux beaux morceaux d'ancien brocart rose à fleurs.

305 — Morceau de satin jaune d'or broché à fleurs.

306 — Six morceaux de satin rouge broché à fleurs et festons verts.

307 — Tapis en brocart d'or et violet. XVIIe siècle.

308 — Robe en soie rose brochée à fleurs. Louis XV.

309 — Robe japonaise en soie richement brodée.

310 — Belle chape en satin blanc broché d'or et de soie à fleurs et guirlandes. Louis XV.

311 — Jupe en soie épinglée, fond rose broché à fleurs. Louis XV.

312 — Robe fond de soie lilas broché, à dessin jaune.

313 — Garniture en satin jaune d'or brodé de soie bleue.

314 — Tapis en ancien brocart vert lamé d'argent, à bouquets de fleurs.

315 — Tapis en soie blanche rayée et brochée, époque Louis XVI, avec franges.

316 — Robe de soie bleue brochée à fleurs.

317 — Bel habit en satin violet richement brodé. Époque Louis XV.

318 — Tapis en satin bleu brodé, d'Orient, encadré de peluche rouge.

319 — Lot de glands.

320 — Lot de franges anciennes.

321 — Robe en soie rose rayée. Louis XVI.

322 — Coupe de velours de Lyon, genre de Gênes, fond jaune d'or, dessin vert.

323 — Cinq pièces, mesurant environ 9 mètres, de satin jaune d'or broché à fleurs et feuillages.

324 — Six lés soie jaune brochée à fleurs.

325 — Coupe de brocatelle jaune d'or.

326 — Bandeau en soie jaune brodé à fleurs et ornements.

327 — Tapis de prière en drap orné de broderies multicolores. Travail ancien d'Orient.

328 — Très grande portière en soie verte brochée, garnie de franges. Époque Louis XV.

329 — Robe en soie bleu pâle rayée et brochée. Louis XVI.

330 — Tablette de cheminée en broderie d'Orient sur fond blanc.

331 — Coussin et dossier en velours rouge richement brodé avec écusson. Renaissance.

332 — Tableau reliquaire en broderie d'argent. XVIIe siècle.

333 — Coupe d'ancien velours de Gênes, dessin à parterre de fleurs.

334 — Joli tabouret en bois sculpté; dessus en brocart. Époque Louis XIV.

335 — Tapis de table Louis XV, en soie gorge de pigeon avec galons d'argent.

336 — Coupe de velours vénitien du XVIe siècle, à grosses fleurs et entrelacs réunis par des couronnes.

337 — Quatre coussins peluche bleue et velours de Gênes moderne à plusieurs tons.

338 — Cinq panneaux en toile de Jouy.

339 — Nombreux morceaux d'étoffes de diverses époques. (Sera divisé.)

340 — Sous ce numéro seront vendus les objets omis au présent catalogue.

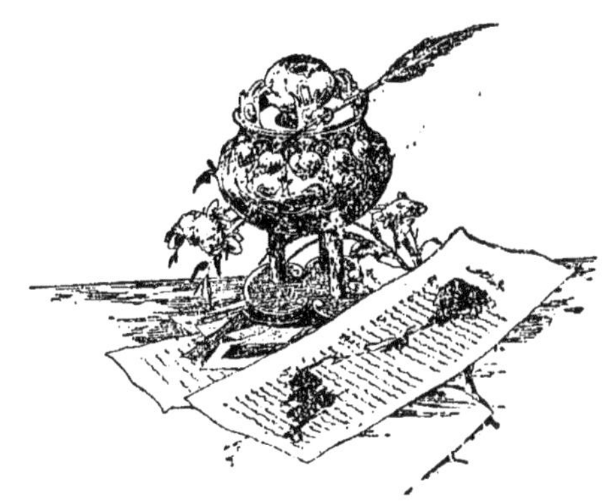

www.ingramcontent.com/pod-product-compliance
Ingram Content Group UK Ltd.
Pitfield, Milton Keynes, MK11 3LW, UK
UKHW022315170726
13837UKWH00005BA/2001

9 782329 513416